Mụta Igbo Taa
Learn Igbo Today
(Vol. 1)

Ogbonnaya Mark Okoro

Published in 2022 by
Griots Lounge Publishing Canada

Email: info@griotslounge.ca

Copyright ©2022 Ogbonnaya Mark Okoro
All rights reserved. The use of any part of this publication reproduced, transmitted in any form or by any means, electronic, mechanical, photocopying, recording, or otherwise, or stored in a retrieval system, without the prior written consent of the publisher—
or, in case of photocopying or other reprographic copying, a licence from the Canadian Copyright Licencing Agency—
is an infringement of the copyright law.

Library and Archives of Canada Cataloguing in Publication

ISBN: 978-1-7776884-4-8

Art/Illustrations: Okonkwo Ikenna

Interior Design: Rachelle Painchaud-Nash

Printed in Canada
Griots Lounge Publishing Canada
an associate of Griots Lounge Publishing Nigeria
www.griotslounge.ca

Nri (Food)

Nne m gara ahịa zụta ngwa nri
Ọ na-esi nri n'usekwu
Mụ na Ebuka nwanne m na-enyere ya aka
Ana m asa efere
Ebuka na-asa ngaji
Nne m na-ete ofe
Nna m na-asụ ụtara ji

My mother went to the market and bought food items
She is cooking in the kitchen
Ebuka my brother and I are helping her
I am washing plates
Ebuka is washing spoons
My mother is making soup
My father is pounding yam

Ụtụtụ (Morning)

Etetala m n'ụra
Ana m ekpe ekpere
Ikele Chineke
Otu o si mee ka m hie ụra,
teta n'udo.
Chineke biko, za m ekpere.

I have woken up
I am praying
To thank God
How he made me sleep,
and woke up peacefully.
God please, answer my pray

...ele (Greeting)

...ala m ụra, kelee nne na nna m
... na nna m hụrụ m n'anya nke ukwuu
...ụ ha mụrụ m
...na-enye m nri
...na-akwụrụ m ụgwọ akwụkwọ m
...na-elekọta m anya nke ọma
... m ekele ha

...ke up from sleep, I greeted my parents
... parents love me so much
...y gave birth to me
...y pay my school fees
...y take good care of me
... greeting them.

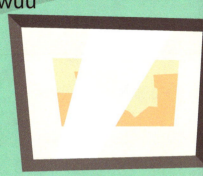

Ụlọ (House)

Ụlọ anyị mara mma
Nna m rụrụ ya

Our house is beautiful
My father built it

che (Chair)

nyị nwere ọtụtụ oche
nọ m ọdụ n'elu oche
ne m zụtaara m ya

'e have many chairs
am sitting on a chair
y mother bought it for me.

Azịza (Broom)

Anyị nwere azịza
Nne m zụtaara m otu azịza
Ọ na-akụziri m ka esi aza ihe
Ana m aza mbaraezi anyị

We have broom
My mother bought me a broom
She is teaching me how to sweep
I am sweeping our compound

Bọọlụ (Football)

Lee bọọlụ a
Ọ bụ bọọlụ Emeka
Nna ya zụtara ya
Emeka na Obinna na-agba bọọlụ

Look at this football
It is Emeka's football
His father bought it for him
Emeka and Obinna are playing football

Okpokoro (Table)

Okpokoro dị n'ụlọ anyị
Nna m na-eji ya agụ akwụkwọ
Anyị na-edowe nri n'okpokoro
Okpokoro anyị buru ibu

Table is in our house
My father reads book on it
We keep food on the table
Our table is big

(Yam)

aazi obi nwere ji
ba ji ya buru ibu
ne Ebuka na-asụ ụtara ji

r. Obi has a yam
is yam barn is very big
uka's mother is pounding a yam.

Ọkụkọ (Chicken)

Ana m ahụ ọkụkọ
Lee ya ebe a
Ọkụkọ a mara mma
Nne m na-ere ọkụkọ
Ọ na-ere nnekwu ọkụkọ,
Ọ na-ere oke ọkpa

I am seeing a chicken
Look at it here
This chicken is beautiful
My mother sells chicken
She sells hen
She sells rooster

Ewu (Goat)

Ewu na-ata ahịhịa
Ewu na-eti mkpu
Nna m zụrụ ewu
Ewu na-amasị m

Goat chews grasses
Goat bleats
My father bought a goat
I like goat

Iko (Cup)

E ji iko añụ mmiri
E ji iko añụ tii
Gbanye mmiri oyi n'iko
Gbanye mmiri ọkụ n'iko

Cup is used for drinking of wa
Cup is used for drinking of tea
Pour cold water into the cup
Pour hot water into the cup

Mgbịrịgba (Bell)

Onye nkuzi anyị nwere mgbịrịgba
Ọ na-akụ ya mgbe ọbụla
Mgbịrịgba ya mara mma

Our teacher has a bell
She rings it all the time
Her bell is fine

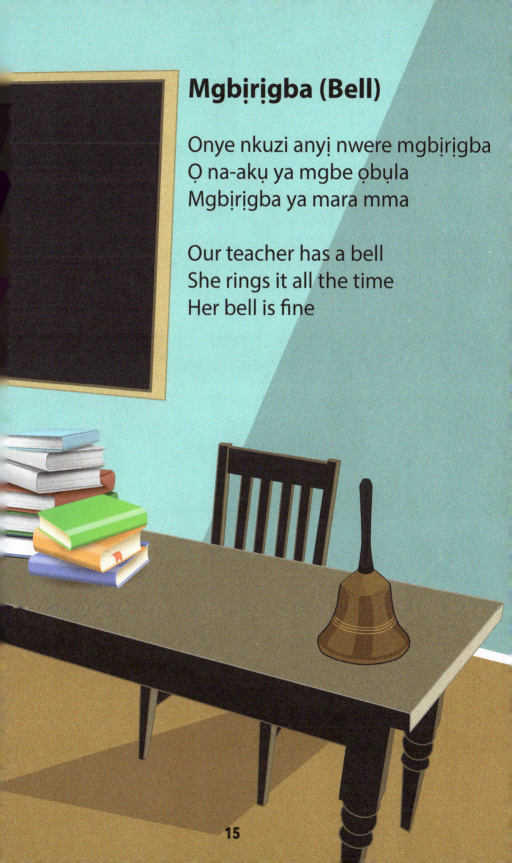

Aka (Hand)

Ihe a bụ aka m
Ọ dị ọcha
Ana m asa ya mgbe m chọrọ iri nri
Ana m asa ya ma m richaa nri
Ana m asa ya mgbe m gara mposi

This is my hand
It is clean
I wash it when I want to eat food
I wash it when I have eaten the food
I wash it after going to the toilet

Anya (Eyes)

Anya dị n'ihu
Ọ na-ahụ ụzọ nke ọma
Enwere m anya
Nne na nna m nwere anya
Onye kụọ onwe ya aka n'anya, ọ gaghị ahụ ụzọ ọzọ

The eye is on the face
It sees things very well
I have eyes
My parents have eyes
If one hits his eyes, he will not see again

Akwa (Egg)

Lee akwa
Akwa ọkụkọ
Akwa na-atọ ụtọ
Ana m ata akwa
Nne m siri akwa
O nyere m otu
Nna m tafọọrọ m akwa

See egg
Chicken's egg
Egg is sweet
I am eating egg
My mother boiled eggs
She gave me one
My father ate and remained some egg for me

Mma (Knife)

Mma na-atụ nkọ
E ji ya ebe iyabasị
Ụmụaka ekwesịghị imetụ mma aka
Mma na-emerụ ụmụaka ahụ

Knife is sharp
It is used to cut onions
Children are not suppose to touch it
Knife harm children

Ọka (Corn/Maize)

Ọka bụ nri
A na-eji akị na ube ata ya
A na-ejikwa akị oyibo ata ya

Corn is food
Palm kernel and pear are used to eat it
Coconut is also used to eat it

Ụsụ (Bat)

Ụsụ nwere nku
Ọ na-efe efe ka nnụnụ

Bat has wings
It flies like a bird

Egbe (Kite)

Egbe bụ nnụnụ
O nwere nku
Ọ na-efe efe
Egbe na-ebu uriom ọkụkọ

Kite is a bird
It has wings
It flies
Kite carries the chick.

kpu (Cap)

pu na-amasị m
a m nwere okpu
pu ya sara mbara
nara mma nke ukwuu
a m zụtaara m okpu
a m ekpu ya echi

ke cap
father has a cap
cap is very wide
very fine
father bought me a cap
ill wear it tomorrow

Ugo (Eagle)

Ugo bụ nnukwu nnụnụ
Ugo bụ nnụnụ mara mma
Ugo na-efe efe karịa nnụnụ ndị ọz
Anya ugo mara mma

Eagle is a very big bird
Eagle is a beautiful bird
Eagle flies more than other birds
Eagle's eyes are beautiful

Akpa Akwụkwọ (School bag)

Lee akpa akwụkwọ m
Nna m zụtara ya
Ọ na-adị ọcha mgbe niile

Look at my school bag
My father bought it for me
It is always clean

Akpị (Scorpion)

Akpị na-eji ojii
Akpị na-agba agba
Ọ gbaa gị, ọ fuọ gị ụfụ
Emetụla akpị aka, ka ọ ghara ịgba gị

Scorpion is dark in complexion
Scorpion stings
If it stings you, it is painful
Do not touch the scorpion, so that it will not sting on y

Onye nkuzi (Teacher)

Onye nkuzi anyị maara akwụkwọ
Ọ na-akụzi ihe nke ọma
Onye mee mkpọtụ na klaasị,
ọ pịa ya ụtarị

Our teacher is intelligent
She teaches very well
Whoever makes noise in the class,
she flogs him.

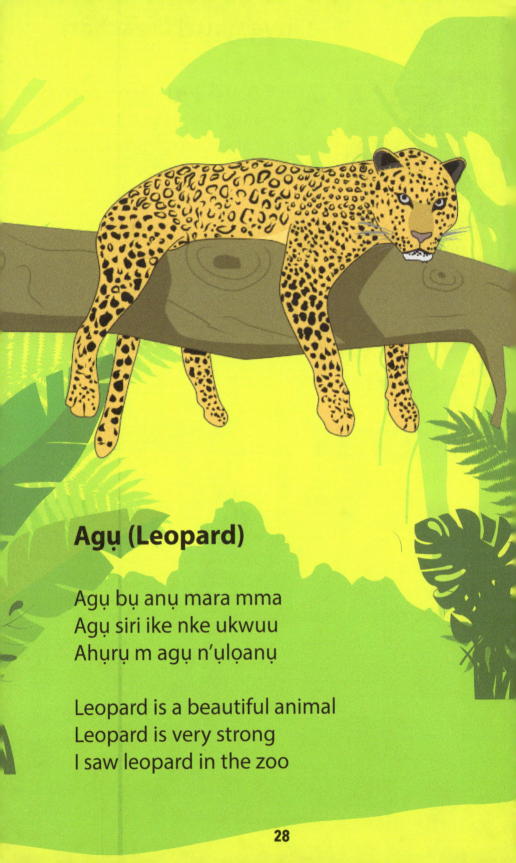

Agụ (Leopard)

Agụ bụ anụ mara mma
Agụ siri ike nke ukwuu
Ahụrụ m agụ n'ụlọanụ

Leopard is a beautiful animal
Leopard is very strong
I saw leopard in the zoo

Ehi (Cow)

Ehi bụ anụ nwere mpi
Ọ na-ata ahịhịa
Anụ ehi na-atọ ụtọ

Cow is an animal with a horn
It eats grasses
The beef is sweet

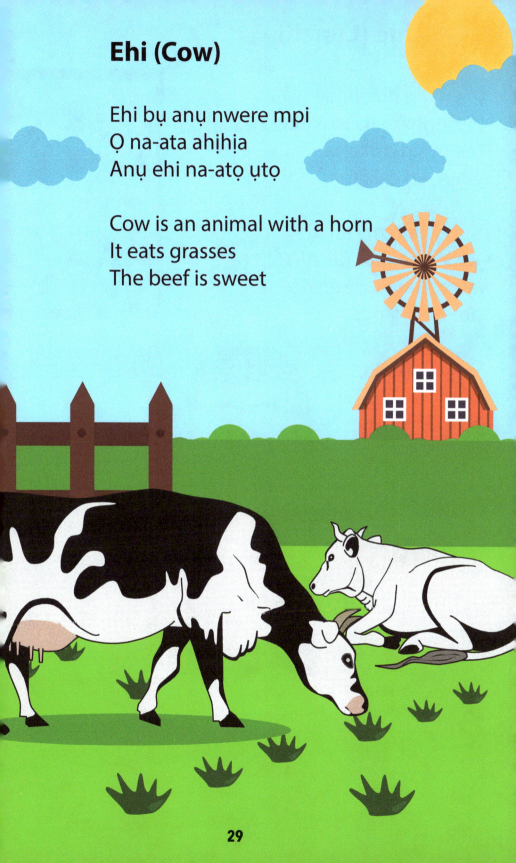

Nri Ehihie (Lunch)

Ana m eri nri ehihie
Anyị agbasaala akwụkwọ
Nne m siri osikapa
Ana m eri osikapa

I am eating my lunch
Our school has dismissed
My mother cooked rice
I am eating rice

Uwe (Cloth)

Nne m zụtaara m uwe ọhụrụ
Ọ bụ uwe m ji aga akwụkwọ
O nwere akpa abụọ, ebe m na-etinye ego m

My mother bought me a new dress
It is my school uniform
It has two pockets, where I put my money

Enwe (Monkey)

Enwe nwere anya abụọ
O nwere ụkwụ abụọ
O nwekwara aka abụọ
Enwe na-ebi n'osisi
Elu osisi bụ ụlọ ya

The monkey has two eyes
It has two legs
It also has two hands
The monkey lives on the tree
The tree is its house.

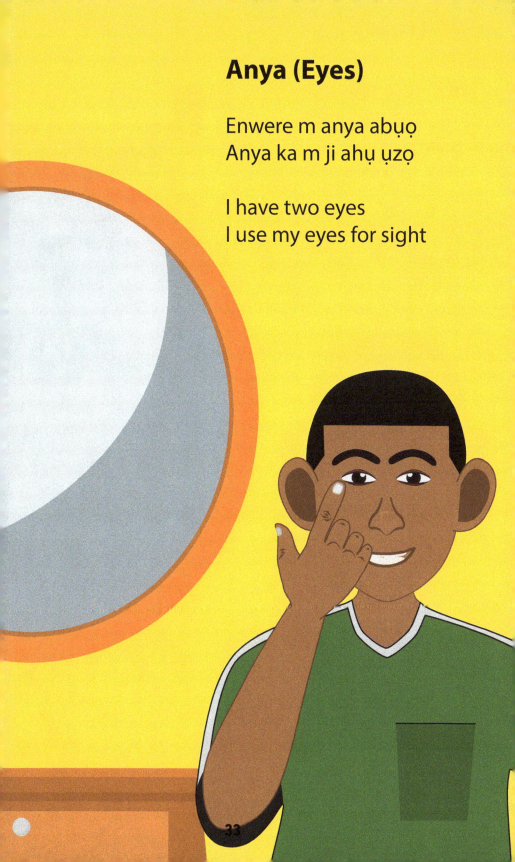

Anya (Eyes)

Enwere m anya abụọ
Anya ka m ji ahụ ụzọ

I have two eyes
I use my eyes for sight

Imi (Nose)

Imi m toro ogologo
Ọ dịghị mbadamba
Lee imi m
Imi ka m ji eku ume

My nose is pointed
It is not flat
Look at my nose
I use my nose for breathing

Ekele Ụtụtụ (Morning greeting)

Ị boọla chi?
Ị saala chi?

Ekele Ehihie (Afternoon greeting)

Ndeewo

Ekele Abalị (Night greeting)

Ka chi foo

Ekele Onye Njem (Traveling greeting)

Ije ọma
Lọta gboo

Ekele onye ọrụ (Work greeting)

Daalụ
Jisi ike
Daalụ ọrụ

Other titles by Ogbonnaya:

1. Nwata Tichaa Akị Tụfuo Nkume

2. Nwata Kpata Ego

3. Ụwa Na-Eme Ntụgharị

4. Ụwa Na-Amịgharị Amịgharị

5. Onye Buru Chi Ya Ụzọ

6. Ịbụchim

7. Ihe Onye Tụrụ N'ahịa

8. Ọchụpụrụ Onwe Ya n'Ụgbọ

9. Onye Rere Nkịta Zụta Enwe

10. Onye Na Nke Ya

11. A Tụfuo Nkịrịka Nkata

12. Ụkwụ Jie Agụ

13. Nwamma

CPSIA information can be obtained
at www.ICGtesting.com
Printed in the USA
LVHW080405130522
718451LV00001B/7